Publié en 2024

Les Pures Origines Égyptiennes

Pourquoi l'Égypte Ancienne est Importante

Moustafa Gadalla

TABLE DES MATIÈRES

1

À PROPOS DE L'AUTEUR

Moustafa Gadalla est un égyptologue indépendant égypto-amé-ricain né au Caire, en Égypte, en 1944. Il est titulaire d'un bacca-lauréat ès sciences en génie civil de l'Université du Caire.

Dès sa petite enfance, Gadalla a poursuivi avec passion ses racines égyptiennes antiques, à travers des études et des recherches continues. Depuis 1990, il consacre et concentre tout son temps à la recherche et à l'écriture.

Gadalla est l'auteur de vingt-deux livres publiés de renommée internationale sur les divers aspects de l'histoire et de la civilisa-tion de l'Égypte ancienne et ses influences dans le monde entier. En outre, il exploite un centre de ressources multimédia pour des études précises et éducatives sur l'Égypte ancienne, présentées d'une manière engageante, pratique et intéressante qui plaît au grand public.

Il a été le fondateur de la Tehuti Research Foundation, qui a ensuite été intégré au Centre multilingue de la sagesse égyptienne multilingue (https://www.egyptianwisdomcenter.org) dans plus de dix langues.
Le site Web comprend également une autre activité en cours ; la création et production de projets d'arts du spectacle tels que Isis Rises Operetta, Horus The Initiate Operetta ; Opérette des déesses égyptiennes ; et quelques autres productions suivront.

2

PRÉFACE DE PAUL JEFFELS

À travers l'ancien monde, presque jusqu'à la chute de l'Empire
Romain, l'Égypte était considérée comme le berceau de la civilisation. Pendant l'Âge sombre et la période médiévale, les Chré-
tiens et les Musulmans ont entrepris des efforts considérables
pour effacer l'héritage culturel de l'Égypte. Leur arme principale
était l'interdiction de la connaissance de l'écriture et du langage
égyptien.

Cependant, nombre de récits des gloires de l'Égypte ayant survécu dans les écrits classiques des Grecs et des Romains, ces
efforts malavisés ont seulement contribué à l'intérêt des cercles
philosophiques pour la sagesse et la culture égyptiennes, créant
une aura de mystère et de fruit défendu.

Cet état des choses a été amplifié par la réputation qu'avait
l'Égypte dans les écrits classiques, dans lesquels on la qualifiait
de pays de la magie, ainsi que par les nombreuses références à
l'Égypte dans la Bible chrétienne.

De plus, dans les cercles philosophiques, on pouvait trouver de
nombreuses références aux "Textes Hermétiques". Jusqu'au XVIe
siècle, seules des versions latines incomplètes de ces textes existaient. Au XVIe siècle, les savants avaient cherché la version complète de ces textes pendant plus de 1 000 ans. Quand les versions

grecques de presque tous les textes ont fait surface, cela a causé une sensation et a eu une influence majeure sur la Renaissance.

Les Textes Hermétiques sont des croyances et des connaissances égyptiennes d'apparence grecque, écrits (probablement) à Alexandrie vers 200 de notre ère. Au XVIIe siècle, ils ont été relégués au statut de fraude. Quand les aspects ésotériques des écrits égyptiens ont été traduits au XIXe siècle, il est devenu évident que de forts éléments égyptiens étaient contenus dans ces textes et un processus de réévaluation de l'influence de la culture et des connaissances égyptiennes sur la société et la pensée modernes a été entrepris.

Valeurs civilisées

La culture égyptienne est basée sur Maat – le bien-fondé de l'Univers. Maat peut être décrit comme "ce qui supporte le Principe d'Existence". Les Égyptiens croyaient en un univers animé, dans lequel le Principe d'Existence était l'aspect le plus manifeste d'Un Grand Dieu. Par conséquence, leur société reposait sur la base du Maat fonctionnel – supportant le Principe d'Existence.

Dans ce but, ils ont été la première civilisation à abolir le sacrifice humain et à inscrire dans la loi la notion que chaque être humain possède le droit de vivre. Cela signifie que le meurtre et autres crimes violents contre les individus étaient sévèrement punis et que l'État ne pouvait punir les personnes qu'après un procès en bonne et due forme. Chaque culture et civilisation qui a perduré quelque temps a adopté ce principe, montrant ainsi que c'est une connaissance fondamentale du tissu de l'Univers.

C'est la base de la constitution américaine et de la charte des Nations Unies. En développant les implications de ce principe de base, les législateurs sont arrivés à la conclusion que pour pouvoir subvenir aux besoins de la vie, les gens ont besoin de nourriture, d'un hébergement, de biens et ils ont clairement défini les relations entre les personnes. Tous ces principes ont été inscrits dans la loi égyptienne.

L'Organisation de la Pensée

En observant la réalité, les Égyptiens ont remarqué que Maat fonctionnait au travers de schémas répétitifs. Ils ont donc décidé d'observer ces schémas et de trouver des façons de pouvoir travailler avec eux. Ils ont vite compris que cela nécessite des systèmes de mesures de quantité, en partie pour mesurer et quantifier, en partie pour mesurer et contrôler, et en partie pour empêcher l'esprit humain de divaguer sur des croyances de la réalité qui contrastaient avec ce qui était réellement là. En conséquence, ils ont inventé un système cohérent d'écriture qui leur permettait de garder des traces sur une longue période, un système mathématique cohérent et un système de poids et de mesures, leur permettant ainsi de mesurer efficacement.

Le système mathématique égyptien était encore utilisé pour des raisons pratiques, tel que l'arpentage, jusqu'au Moyen Age, les mathématiques théoriques grecques étant inutiles pour cet usage.

L'Organisation de l'État

Géographiquement parlant, l'État Égyptien était le plus grand État de l'Ancien Monde, avant l'Empire Assyrien. C'est certainement celui qui a duré le plus longtemps – plus longtemps que n'importe quel autre État de l'Histoire documentée. Cela est dû en partie au fait que les Égyptiens ont inventé les concepts de serviteurs publics embauchés par l'État et d'un pouvoir judiciaire indépendant. Une des raisons était les inondations annuelles du Nil. Chaque année, un levé de terrain était effectué sur les zones inondables et les résultats annotés en trois exemplaires. Une fois l'inondation terminée, les zones subissaient de nouveau un levé de terrain et toutes les limites étaient rétablies. Les résultats étaient de nouveau annotés en trois exemplaires afin que tout le processus puisse être répété l'année suivante. Ce système était inscrit dans la loi égyptienne, qui elle-même était probablement le système de justice le plus juste et le plus incorruptible qui ait jamais été pensé.

La loi égyptienne était administrée par des juges nommés par l'État et chacun d'entre eux était dédié à la poursuite et au maintien de Maat – dans son aspect de vérité absolue. Pour ce faire, toute éloquence était bannie des procédures légales. Tous les recours de la défense mais aussi de l'accusation devaient être faits par écrit. Les juges prenaient eux-mêmes les dépositions et sortaient de la salle afin de les considérer objectivement avant de rendre un jugement. Un tel système nous serait bien utile de nos jours !

Science et Médecine

La science et la médecine égyptiennes étaient basées entièrement sur le principe d'amélioration de la vie des gens. Elles opéraient entièrement dans le cadre des considérations morales de Maat. Rien qui ne désobéissait à ce principe n'était fait ou même mis à l'essai. Cela nous serait bien utile aujourd'hui, un argument appuyé par de nombreux scientifiques modernes, dont Albert Einstein et Robert Oppenheimer – tous deux associés à l'invention des armes nucléaires.

Les Grecs mentionnent que leurs connaissances médicales viennent d'Égypte. Des preuves documentaires et archéologiques confirment que les Égyptiens traitaient des os cassés, des blessures ouvertes et même des fractures du crâne efficacement. C'est en grande partie dû au fait que les Égyptiens ont été les premiers à faire le lien entre la propreté et la santé. La propreté signifiait que des procédures chirurgicales pouvaient être menées efficacement et que la population était beaucoup moins sujette aux épidémies. Il est estimé qu'à l'apogée du Nouveau Royaume, vers 1300 avant notre ère, la population égyptienne avoisinait les 7 millions. En 1800, après des siècles d'occupation islamique, elle n'était plus que de 3 millions.

Des preuves documentaires, provenant de sources égyptiennes et d'autres pays civilisés, nous racontent que les Égyptiens étaient très efficaces dans le traitement de problèmes d'ordre psychologique. En fait, ils étaient considérés comme en étant les leaders mondiaux, un aspect dérivé de leurs intenses recherches sur l'organisation de l'esprit et les moyens de le contrôler.

Technologie, Art, Artisanat et Agriculture

Toute personne ayant observé un artefact égyptien de près aura été impressionnée par l'excellence, à la fois des motifs et de la qualité du travail. Cette philosophie de perfection physique a été créée par le fait que les Égyptiens ne faisaient aucune différence entre l'ordinaire et le spirituel. Chaque artefact servait à la fois à son utilité pratique et au travail de l'Univers à favoriser et à subvenir aux besoins des Êtres. Les formes des outils manuels, par exemple, sont des prototypes d'outils manuels que nous utilisons aujourd'hui. Des meubles et des bijoux identiques aux designs égyptiens peuvent être trouvés dans des magasins modernes sophistiqués. De nombreuses recettes servies dans les restaurants et les foyers modernes ornaient les tables des Égyptiens d'il y a 4 000 ans.

Le joyau de la technologie égyptienne est leur maîtrise des systèmes d'irrigation et d'inondation. Dans beaucoup de régions égyptiennes, des canaux d'irrigation creusés en 2500 avant notre ère sont aujourd'hui encore utilisés. Tous les systèmes d'irrigation modernes sont basés sur des systèmes inventés par les Égyptiens. C'est cette agriculture organisée qui a permis aux Égyptiens de nourrir leur population énorme et d'avoir assez de ressources pour créer la civilisation que nous admirons encore aujourd'hui.

Conclusion

L'Égypte ancienne est le berceau de notre civilisation, de notre culture occidentale moderne. Chaque technologie et système dont nous disposons aujourd'hui préfiguraient dans l'Égypte de 2500 avant notre ère. Mais nous avons encore beaucoup à apprendre de l'Égypte. Ce que nous avons perdu est le concept que chacune de nos actions doit être dirigée vers la réalisation du bien commun et pour parler en termes égyptiens, le renforcement de Maat. Le sens dans lequel j'utilise ce terme signifie subvenir aux besoins du Principe des Êtres. Si la race humaine était prête à se discipliner pour accomplir cela, nous pourrions éliminer la guerre, la famine et presque tous les crimes en seulement quelques années. C'était la croyance des visionnaires qui ont écrit la Charte des Nations Unies il y a 70 ans, juste après la guerre la plus destructive de l'histoire humaine. Cette croyance a commencé dans l'Égypte Ancienne et a continué à inspirer des penseurs progressistes tout au long des années sombres qui ont suivi la destruction de la civilisation égyptienne par des envahisseurs.

Nous ferions bien de nous intéresser de plus près aux croyances de l'Égypte Ancienne ainsi qu'au succès sur le long terme de leurs applications. Nous devrions en tirer les leçons nécessaires et appliquer ces nouvelles connaissances et croyances positives dans nos propres vies et à notre monde moderne en général.

Paul Jeffels
Membre du Conseil d'Administration de la Tehuti Research
Foundation
Derby
Angleterre
Royaume-Uni

3

PRÉFACE

Ce livre est destiné à fournir une brève vue d'ensemble introductive sur certains aspects de la civilisation de l'Égypte Ancienne qui peuvent grandement nous servir dans notre vie quotidienne, peu importe où nous nous trouvons dans ce monde.

Dans les sujets présentés nous aborderons :

- Notre place dans l'Univers et son système opérationnel.

- Se comprendre soi-même et comment faire le tri entre nos énergies internes afin de vivre heureux et en bonne santé.

- Les problèmes et les solutions [égyptiennes] aux conditions politiques, sociales et économiques.

- Comment atteindre une coexistence pacifique entre les gens, la terre et les ressources naturelles ; ce qui implique aussi avoir un environnement propre.

- Comprendre et implémenter des principes d'harmonie dans la construction d'édifices.

- Apprécier l'art, ses fonctions et ses applications dans un contexte harmonieux.

• La nature intemporelle de la civilisation de l'Égypte
Ancienne.

Moustafa Gadalla
Auteur

4

STANDARD ET TERMINOLOGIES

---

1. Le mot égyptien ancien neter, ainsi que sa forme féminine netert, ont été incorrectement, et possiblement intentionnellement, traduits en tant que *dieu* et *déesse* par presque tous les académiciens. Neteru (pluriel de neter/netert) sont les principes et fonctions divins du Seul Dieu Suprême.

2. Il se peut que vous trouviez quelques variations dans l'orthographe de certains mots d'égyptien ancien, tel qu'Amen/Amon/Amun ou Pir/Per. C'est dû au fait que les voyelles que vous voyez dans des textes égyptiens traduits sont seulement des approximations des sons et utilisés par les égyptologues occidentaux afin de les aider à prononcer les termes/mots d'égyptien ancien.

3. Nous allons utiliser les mots les plus communément reconnus par les personnes anglophones pour identifier neter/netert, un pharaon ou une ville ; suivis par d'autres "variations" du mot/terme.

Il est à noter que les vrais noms des déités (dieux, déesses) étaient gardés secret afin de préserver le pouvoir cosmique de cette déité. On parlait des Neteru en épithètes qui décrivaient une qualité, un attribut et/ou un aspect particulier de leur rôle. Ceci s'applique à tous les termes communs tels que Isis, Osiris, Amun, Ra, Horus, etc.

CARTE DE L'ÉGYPTE ANCIENNE

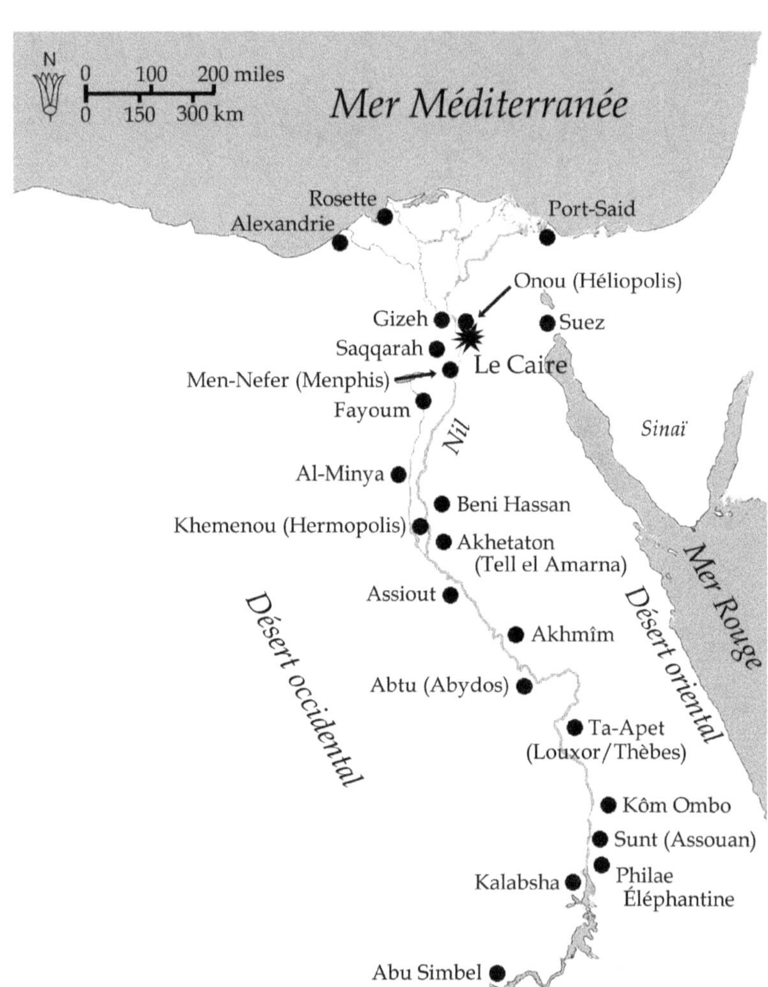

N
0 100 200 miles
0 150 300 km
Mer Méditerranée
Rosette
Alexandrie
Port-Said
Onou (Héliopolis)
Gizeh
Suez
Saqqarah
Le Caire
Men-Nefer (Menphis)
Fayoum
Nil
Sinaï
Al-Minya
Beni Hassan
Khemenou (Hermopolis)
Akhetaton
(Tell el Amarna)
Assiout
Akhmîm
Désert occidental
Abtu (Abydos)
Ta-Apet
(Louxor/Thèbes)
Désert oriental
Mer Rouge
Kôm Ombo
Sunt (Assouan)
Kalabsha
Philae
Éléphantine
Abu Simbel

1

PRÉLUDE : "IMAGINE" DE JOHN LENNON

En 1971, John Lennon a sorti sa chanson "Imagine" qui décrit sa douce illusion d'une *utopie idéale*. Les paroles "rêveuses", sans que son auteur ne s'en rende compte, décrivaient les conditions de vie de la plus longue civilisation dans l'histoire du monde. Ce chapitre va vous montrer que John Lennon décrivait la vraie société de l'Égypte Ancienne. Voici les paroles de "Imagine".

Imagine qu'il n'y ait aucun Paradis
C'est facile si tu essayes
Pas d'enfer en dessous de nous
Seul le ciel au-dessus de nous
Imagine tous les gens
Vivant le moment présent

Imagine qu'il n'y ait plus de pays
Ce n'est pas difficile à faire
Pas de cause pour laquelle tuer ou mourir
Et pas de religion non plus
Imagine tous les gens
Vivant leur vie en paix

Tu peux dire que je suis un rêveur
Mais je ne suis pas le seul
J'espère qu'un jour tu nous rejoindras
Et que le monde sera uni

Imagine qu'il n'y ait pas de possessions
Je me demande si tu peux
Pas de cupidité ni de faim
Une fraternité d'Hommes
Imagine tous les gens
Se partageant le monde

Tu peux dire que je suis un rêveur
Mais je ne suis pas le seul
J'espère qu'un jour tu nous rejoindras
Et que le monde sera uni

REDÉCOUVRIR L'ÉGYPTE À NOUVEAU

En dépit de l'image négative de l'Égypte Ancienne qui nous est enseignée, il y a deux éléments que nous devons prendre en compte afin de redécouvrir l'Égypte à nouveau :

1. La durée de la civilisation égyptienne est la plus longue au monde.
2. Hérodote, le père de l'histoire a écrit en 500 avant notre ère :

> *« Les Égyptiens sont les plus heureux, en meilleure santé et les plus religieux d'entre les hommes. »*

Ces deux simples éléments devraient nous faire nous demander comment et pourquoi c'est arrivé ? Nous devrions nous demander si certains aspects de cette civilisation de longue durée peuvent nous aider dans les temps présents.

L'Égypte peut-elle être l'Ancien Futur du monde ? Les conditions dans l'Égypte Ancienne peuvent-elles être l'archétype de société idéale dont parle John Lennon dans sa chanson « Imagine » ? La réponse téméraire est un oui éclatant, comme nous allons le démontrer tout au long de ce court livre.

3

LES ANGES DIVINS D'ÉGYPTE

3.1 LES ANGES DIVINS D'ÉGYPTE

Il est généralement et faussement vulgarisé que les Égyptiens avaient un système religieux confus avec un nombre de dieux et de déesses indéfini !

En réalité, ces soi-disant "dieux et déesses" d'Égypte et leurs fonctions ont été adoptés et renommés "Anges" dans la Bible. Le cantique de Moïse de Deutéronome (32.43), trouvé dans une cave à Qumran près de la mer Morte, mentionne le mot *dieux* au pluriel :

> *« Que le Ciel se réjouisse avec le peuple du Seigneur, que toutes les divinités s'inclinent devant Dieu. »*

Quand ce passage est cité dans le Nouveau Testament (Hébreux, 1.6), le mot dieux est substitué par :

> *« Anges de Dieu. »*

3.2 MONOTHÉISME & POLYTHÉISME

Quand nous demandons "Qui est Dieu ?", nous demandons en réalité "Qu'est-ce que Dieu ?". Le seul nom ne nous apprend rien. "Dieu" peut seulement être défini par une multitude de "Ses" attributs/qualités/pouvoirs/actions. Connaitre "Dieu" c'est connaitre les nombreuses qualités de "Dieu". Plus nous connaissons ces qualités (connues sous le nom de neteru), plus nous nous approchons de notre origine divine.

Loin d'être primitif et polythéiste, cela est la plus haute expression du mysticisme monothéique.

Les Égyptiens considéraient l'univers comme un acte conscient du Seul Grand Dieu. La doctrine fondamentale était l'unité de la Déité. Ce Seul Dieu n'était jamais représenté : c'était les fonctions et les attributs de son domaine qui l'étaient. Une fois la référence faite à ses fonctions/attributs, il devenait un agent reconnaissable, reflétant une fonction/attribut particulier et son influence sur le monde. Ses nombreux attributs et fonctions en tant que Créateur, Guérisseur et autres étaient appelés le neteru (au singulier : neter au masculin et netert au féminin). En tant que tel, un neter/netert égyptien n'était pas un dieu/déesse mais la représentation d'une fonction/attribut du Seul Dieu.

Le neteru, appelé "dieux" par certains, a été incorporé au Christianisme sous le nouveau nom "anges".

3.3 NETERU – LES ÉNERGIES DIVINES

Les textes égyptiens indiquent que quand le Maître de l'Univers est apparu, toute la création est apparue. Les textes de l'Égypte Ancienne soulignent que le *Tout Complet* contenait tout. Le texte égyptien ancien affirme :

> « *Je possède de nombreux noms et de nombreuses formes, et mon Être existe dans chaque neter.* »

L'énergie Divine qui se manifeste dans le cycle de création est définie par ses aspects d'énergie constituante appelés neteru dans l'Égypte Ancienne. Le NeTeRu sont les forces de la NaTuRe.

Le mot égyptien neter ou nature ou netjer signifie *un pouvoir qui est capable de générer la vie et de la maintenir une fois générée.* Comme tout processus de création qui passe par le cycle de naissance-vie-mort-renaissance, il en va de même pour les énergies motrices, pendant les étapes de ce cycle. C'est pourquoi les énergies divines du neteru de l'Égypte Ancienne passaient et continuent de passer par le même cycle de naissance-croissance-mort et renaissance. Une telle compréhension était commune à tous, comme noté par Plutarque, que les multiples forces de la nature connues comme neteru naissent et sont créées, sont sujettes à un changement perpétuel, vieillissent et meurent pour finalement renaître.

On peut donner l'exemple de la chenille qui naît, vit, puis qui construit son propre cocon où elle meurt avant de se transformer en un papillon qui dépose des œufs et ainsi de suite. Ce que nous avons ici devant nous est la transformation cyclique d'une forme/d'un état énergétique à un autre.

Un autre exemple est le cycle de l'eau – l'eau s'évapore, forme des nuages et redescend sur terre sous forme de pluie. Il s'agit ici aussi d'une transformation cyclique d'énergies sous différentes formes – *la mort d'un état et la renaissance d'un autre.*

Quand vous pensez à neteru – non comme *"dieux et déesses"* – mais comme une force d'énergie cosmique, vous reconnaissez dans le système de l'Égypte Ancienne une brillante représentation de l'univers. Philosophiquement parlant, cette transformation cyclique naturelle est applicable au proverbe :

« ***Plus les choses changent, plus elles restent les mêmes.*** »

Dans les cercles scientifiques, ce qui est connu comme *loi naturelle de la conservation de l'énergie* peut être décrit comme suit : ***le principe que l'énergie n'est jamais consommée mais change seulement de forme, et que le total de l'énergie dans un système physique, tel que l'univers, ne peut être ni augmenté, ni diminué.***

3.4 UNE AFFAIRE D'ÉNERGIES

Les Égyptiens anciens et les Baladi ne faisaient et ne font pas de distinction entre un état métaphysique et un état matériel d'un être. Une telle distinction est une illusion mentale. Nous existons à différents niveaux en même temps, du plus physique au plus métaphysique. Einstein concordait avec les mêmes principes.

Depuis la théorie de la relativité d'Einstein, il est connu et reconnu que la matière est une forme d'énergie – une coagulation ou condensation d'énergie. L'énergie est faite de molécules qui tournent et vibrent à différentes vitesses. Dans le monde "physique", les molécules tournent à une vitesse très lente et constante. C'est pour cela que les objets apparaissent solides, compréhensibles pour nos sens humains. Plus la vitesse est lente, plus les objets apparaissent solides ou denses. Dans le monde métaphysique (spirituel), les molécules vibrent dans une dimension plus rapide, ou éthérée – où les objets sont libres et moins denses.

Observé sous cet angle, l'univers est essentiellement une hiérarchie d'énergies à différents niveaux de densité. Nos sens ont accès à l'énergie la plus dense, qui est la matière. La hiérarchie des énergies est interconnectée et chaque niveau est soutenu par le niveau qui se trouve directement en dessous. Cette hiérarchie des énergies est soigneusement établie dans une grande matrice de lois naturelles connectées les unes aux autres. C'est à la fois métaphysique et physique.

Cette matrice des énergies résulte d'un acte initial de création. Cette matrice des énergies est identifiée comme neteru (dieux/déesses) en Égypte Ancienne.

La présence d'énergie en toute chose a depuis longtemps été reconnue par les Égyptiens anciens et Baladi. Il est clairement affirmé sur la Pierre de Chabaka que des énergies cosmiques existent dans chaque pierre, minéral, bois, etc. :

Et c'est comme ça que le neteru (dieux/déesses) est entré dans ses corps, sous forme de chaque bois existant, chaque minéral existant, chaque terre existante, tout ce qui pousse sur sa surface (de la terre).

La matrice universelle de l'énergie comprend le monde comme un complexe vivant de relations entre les personnes (vivantes et mortes), les animaux, les plantes et les phénomènes naturels et surnaturels. Cette logique est souvent appelée **Animisme** à cause de sa prémisse centrale selon laquelle toutes les choses sont animées (énergisées) par des forces de vie. À chaque instant, les molécules de toute chose, de tout être sont en mouvement constant, c'est-à-dire énergisées, comme reconnu dans la théorie cinétique. Autrement dit, tout est animé (énergisé) – les animaux, les arbres, les pierres, les oiseaux et même l'air, le soleil et la lune.

Les formes d'énergies les plus rapides – ces énergies invisibles de l'univers – sont appelées esprits par beaucoup de gens. Les esprits/énergies sont organisés à différents niveaux de densité, ce qui est relatif aux différentes vitesses des molécules. Ces énergies rapides (invisibles) habitent certaines régions ou sont associées à des phénomènes naturels particuliers. Les esprits (énergies) existent par groupe de famille-type (c'est-à-dire qu'ils sont en relation les uns avec les autres).

Les énergies peuvent occuper, si elles le désirent, une forme d'énergie plus condensée (matière), comme un humain, un animal, une plante ou n'importe quelle autre forme. L'esprit anime le corps humain à la naissance et le quitte à la mort. Parfois, plus d'une seule énergie prend possession d'un corps. On entend souvent parler d'une personne qui "ne se sent pas elle-même" ou alors qui est "temporairement folle", "possédée", "à côté de ses pompes" ou encore d'une personne à personnalités multiples. Ces énergies (esprits) ont un effet sur nous tous, à un degré ou un autre.

Depuis que l'univers créé est en ordre, cette matrice d'énergie est comme une machine bien huilée avec neuf domaines qui interagissent et s'interpénètrent.

3.5 HORS D'ÉGYPTE

Ce qui aujourd'hui est appelée la religion chrétienne existait déjà en Égypte Ancienne, bien avant l'adoption du Nouveau Testament. L'égyptologue britannique Sir E. A. Wallis Budge a écrit dans son livre *The Gods of the Egyptians* [*Les Dieux des Égyptiens.* 1969] :

> *« La nouvelle religion (Christianisme), prêchée par Saint Marc et ses disciples immédiats, ressemble de très près à ce qui est le résultat d'un culte voué à Osiris, Isis et Horus. »*

Les similarités, notées par Budge et toutes les personnes ayant comparé les allégories des Osiris/Isis/Horus égyptiens aux Évangiles, sont frappantes. Les deux histoires sont pratiquement identiques, c'est-à-dire une conception surnaturelle, la naissance divine, la lutte contre des ennemis dans la nature sauvage et la résurrection d'entre les morts vers la vie éternelle. La principale différence entre les "deux versions" est que l'Évangile est considérée comme étant historique alors que celle du cycle d'Osiris/Isis/Horus est une allégorie. Le message spirituel de l'allégorie des anciens Égyptiens sur Osiris/Isis/Horus et celui de la révélation chrétienne est exactement le même.

L'académicien britannique A. N. Wilson fait valoir dans son livre *Jésus* que :

> *« Le Jésus de l'Histoire et le Jésus de la Foi sont deux êtres différents, avec deux histoires très différentes. Il est difficile de reconstituer la première et, en le faisant, il est probable que l'on cause du tort à la seconde. »*

Il y a une ironie indéniable et une profonde vérité indéniable dans les paroles du *prophète Osée* « *J'ai appelé mon fils à sortir d'Égypte* ». Une vraie ironie, en effet.

3.6 COSMOLOGIE ÉGYPTIENNE ET ALLÉGORIES

Les connaissances cosmologiques de l'Égypte Ancienne sont exprimées sous forme d'histoires, ce qui est un excellent moyen d'exprimer à la fois des concepts physiques et métaphysiques. Des allégories bien construites sont le seul moyen d'expliquer les vérités les plus profondes sur Dieu, la création, la vie, l'âme, notre place dans l'univers et notre lutte pour évoluer vers des nouveaux niveaux, plus élevés, de conscience et de compréhension.

Les allégories sont des moyens intentionnellement choisis pour communiquer des connaissances. Les allégories dramatisent les lois cosmiques, les principes, les processus, les relations ainsi que les fonctions et les expriment d'une manière simple à comprendre. Une fois que les significations cachées des allégories sont révélées, elles deviennent des merveilles de perfection scientifique et philosophique. Plus elles sont étudiées, plus elles deviennent riches. Les "dimensions intérieures" des enseignements ancrés dans chaque histoire sont capables de révéler plusieurs couches de connaissances, en fonction du niveau de développement de l'auditeur. Plus une personne évolue, plus les "secrets" lui sont révélés. Plus nous évoluons, plus nous sommes capables de voir. C'est tout le temps présent.

Tout bon écrivain ou orateur sait que les histoires sont le meilleur moyen d'expliquer le comportement des choses parce que les relations des différentes parties les unes aux autres, et à l'ensemble, sont mieux appréhendées par l'esprit. Les Sages égyptiens transformaient des noms communs et des adjectifs (indicateurs d'une qualité) en concepts propres et nommés. Ils étaient, en plus, personnifiés, afin de pouvoir être intégrés dans des histoires.

Les Égyptiens ne croyaient pas que leurs allégories étaient des faits historiques. Ils croyaient EN ELLES dans le sens où ils croyaient au message de vérité qui se cachait derrière l'histoire.

Les anciens Égyptiens avaient de nombreuses allégories telles que celles d'Osiris/Isis/Horus.

DÉCOUVREZ LES POUVOIRS EN VOUS

4.1 PRENEZ LE CONTRÔLE DE VOTRE VIE PERSONNELLE

Alors que certains insistent sur le fait que tous les humains sont « nés pécheurs», les enseignements égyptiens eux mettent en valeur et développent la croyance positive selon laquelle chaque être humain est un "trésor" qui peut seulement être trouvé si on y regarde de plus près. Les enseignements égyptiens libèrent le potentiel intérieur caché de l'être humain afin de reconnaître et d'équilibrer les énergies pour apprendre, s'approprier des connaissances et accomplir.

Chacun d'entre nous doit gérer ces énergies à l'intérieur et autour de nous-même, y compris les forces, désirs, émotions, etc. qui se trouvent à l'intérieur de nous-même. Les lois sociales doivent suivre le même schéma d'organisation d'énergie que l'univers. Ce qui est en bas est comme ce qui est en haut.

Concentrées, surtout si elles sont massives et non contrôlées, ces énergies à l'intérieur de nous-même sont potentiellement dangereuses, voire mortelles. Être hyperactif ou en colère sont des exemples humains d'énergies massives non contrôlées. C'est pourquoi il est d'extrême importance que cette matrice d'énergies soit comprise, gérée et contrôlée.

Le principe de l'ordre cosmique à tous niveaux, y compris au niveau des êtres humains, est simplement appelé Maat par les Égyptiens. Ma-at est la netert (déesse) qui représente le principe de l'ordre cosmique. Le concept d'après lequel non seulement les Hommes, mais aussi les neteru (dieux/déesses) sont gouvernés et sans lequel les neteru (dieux/déesses) seraient sans fonction.

Afin de régler tout problème dans votre vie, il faut autoriser votre Maat à vous apporter de l'ordre, de l'équilibre et de l'harmonie. Maat vous guidera pour trier (définir/apporter de l'ordre) tout le chaos (l'énergie/la matière/les consciences non identifiées). Vous trouverez plus d'informations sur Maat dans ce chapitre.

4.2 POURSUIVRE VOTRE PROPRE CHEMIN JUSQU'À LA SOURCE

En Égypte, ce que nous appelons aujourd'hui "religion" était tellement reconnu que cela ne nécessitait pas de nom car cela est la vie en elle-même sous tous ses aspects. Toutes les connaissances basées sur la conscience cosmique étaient tellement intégrées dans les pratiques quotidiennes qu'elles sont devenues des traditions.

Le modèle égyptien ne traite pas seulement du monde extérieur ou d'une communauté de croyants ou de dogmes, d'écritures, de règles ou de rites. Il ne s'agit pas de croire que Dieu est comme ceci ou comme cela. Il ne suffit pas de simplement « croire en Dieu » pour être dans Ses bonnes grâces. Le modèle égyptien consiste d'idées et de pratiques qui mettent à la disposition de chaque personne en quête de spiritualité les outils nécessaires pour avancer sur le Chemin de chacun vers « l'union avec le Divin ».

Le Chemin spirituel vers une union requiert que chacun s'engage dans le difficile, et parfois même douloureux (mais joyeux), engagement à la purification intérieure et extérieure. La personne en quête de spiritualité doit gagner en connaissances de vérité/réalité, exceller en tout et appliquer au monde ce qu'elle a appris.

C'est une philosophie de vie, une manière de se comporter afin d'atteindre la plus grande moralité ainsi que le bonheur et la paix intérieurs.

La perception générale du mysticisme est qu'il est possible d'atteindre la communion avec Dieu en obtenant des connaissances spirituelles au travers d'intuitions acquises au cours de méditations fixées. Le modèle égyptien pour obtenir des connaissances est basé sur l'utilisation à la fois de l'intellect et de l'intuition.

Les principes et pratiques naturels du modèle égyptien sont aussi communs à l'Ouest qu'à l'Est. Un chercheur spirituel est quiconque qui croit possible d'avoir une expérience directe avec Dieu. Le modèle égyptien du mysticisme est l'expression naturelle d'une religion personnelle. Le chercheur a le droit de poursuivre une vie de contemplation, cherchant à entrer en contact avec la Source de l'être et de la Réalité. Le chercheur spirituel tente d'obtenir une connaissance de la Réalité/Vérité de Dieu qui ne peut être acquise au travers de religions dogmatiques.

Le modèle égyptien du mysticisme (soufisme) n'est pas une affaire de croyance ou de dogmes mais plutôt une charte personnelle. Chacun de nous est un individu unique. Les anciens Égyptiens implantaient leurs croyances de l'individualité de chacun d'entre nous dans tous leurs textes. Par exemple, il n'y avait jamais deux textes transformationnels (funéraires) ou médicaux (dit "magiques") identiques pour deux individus. Il n'existe pas de doctrine dogmatique à taille unique.

Le modèle égyptien reconnait la singularité de chaque individu et reconnait par conséquent que les Chemins vers Dieu sont aussi nombreux que le nombre de chercheurs. Les chemins vers Dieu sont comme des ruisseaux – ils viennent tous de la même source. Toutes les pensées égyptiennes sont basées sur ce principe – *variation sur un seul thème.*

Les chercheurs spirituels génèrent leur propre genre de vie collective. Des chercheurs qui pensent de la même manière forment des réseaux de maîtres et de disciples appelés les *Chemins*. Le cadre d'un *Chemin* est mieux décrit comme une *association*. Une association mystique d'après le modèle égyptien peut être formée n'importe où et n'importe quand.

La diversité de l'humanité est une réflexion de la diversité des associations. C'est pour cela que les associations varient en nature, enseignements, exercices, etc.

La progression le long du Chemin spirituel est acquise au travers d'efforts et est une question d'actions conscientes et disciplinées.

Chaque conscience nouvelle/augmentée est équivalente à un nouveau réveil. On parle des niveaux de conscience en parlant de mort – renaissance. Une telle pensée s'est répandue dans l'Égypte Ancienne (et aussi présente), où la naissance et la renaissance sont des thématiques récurrentes. Le mot *mort* est employé de manière figurative. Le fait que l'homme doit *"mourir avant de mourir"* et qu'il doit *"renaître"* dans sa vie actuelle est pris symboliquement ou est commémoré par un rituel. Pour cela, le candidat doit passer par certaines expériences spécifiques (techniquement appelées "morts"). Un bon exemple est le baptême, l'objectif principal de Pâques après le Carême – qui représente la *mort* de l'ancien soi par l'immersion dans l'eau et la renaissance d'un nouveau soi (renouveau) en refaisant surface.

4.3 LES MŒURS ET LES MORALES DE MAAT

D'après la philosophie égyptienne, même si toute création est spirituelle dans son origine, l'Homme est né simple mortel même s'il contient en lui la graine du divin. Son but dans la vie est de nourrir cette graine, et sa récompense, s'il y arrive, est la vie éternelle où il sera réunifié avec son origine divine. Nourrir des plantes dans le sol est analogue à nourrir l'esprit sur terre en faisant de bonnes actions.

L'Homme arrive sur terre avec des facultés divines supérieures qui sont l'essence de son salut mais encore non réveillées. La religion égyptienne est donc un système de pratiques ayant pour but de réveiller ces facultés supérieures dormantes.

L'accent mis sur le réveil des facultés par la religion égyptienne ne peut pas être assez souligné. Un comportement moral, par exemple, ne vient pas en apprenant seulement certaines valeurs mais est acquis par l'esprit et par l'expérience. La purification intérieure doit être complétée par des pratiques de bon comportement social au quotidien. Chaque action s'imprime sur le cœur. L'être intérieur d'une personne est en fait la réflexion de ses actes et de ses actions. Faire de bonnes actions établit donc de bonnes qualités intérieures ; les vertus imprimées sur le cœur gouvernent en retour les actions des membres. Chaque acte, pensée et action laissent une impression dans le cœur et deviennent un attribut de cette personne. Cette maturation de l'âme au travers d'attributs acquis conduit à des visions mystiques progressives et à l'ultime réunification avec le Divin.

La sagesse de l'Égypte Ancienne a toujours souligné l'importance d'un comportement éthique et de service envers la société. Les traditions et pratiques égyptiennes mettent l'accent sur la construction du caractère, un bon comportement, les valeurs familiales, les bénéfices du mariage, l'harmonie dans les relations, les devoirs sociétaux et civiques, l'éthique du travail, la transparence, etc.

Chacun doit vivre sa propre vie et chacun doit entreprendre son propre chemin, guidé par Ma-at. Le concept de Ma-at s'est imprégné dans les écritures égyptiennes des temps les plus anciens, tout au long de l'histoire égyptienne. Ma-at n'est pas facilement traduisible ou défini par un seul mot. De manière générale, nous pouvons dire qu'il s'agit de ce qui, de droit, devrait être ; de ce qui est adéquat d'après l'ordre et l'harmonie du cosmos et de neteru et des Hommes, qui en font partie.

Ma-at, le *Chemin*, englobe les vertus, les buts et les devoirs qui définissent ce qui est acceptable, sinon idéal, d'un point de vue d'un comportement social et personnel.

Un résumé du concept égyptien de justice peut être trouvé dans ce qui est plus connu sous le nom de *Confession Négative*. Une image plus détaillée de l'homme juste et de sa conduite attendue ainsi que des idées de responsabilité et rétribution peuvent être trouvées sur les murs de chapelles funéraires et dans diverses compositions littéraires qui sont généralement appelées "textes de sagesse" d'instructions systématiques, composées de maximes et de préceptes. On trouve par exemple les 30 chapitres de *L'enseignement d'Aménémopé (Amenhotep III)* qui contiennent des textes de sagesse qui ont plus tard été adoptés dans le *Livre des Proverbes de l'Ancien Testament*.

FAIRE FONCTIONNER LA DÉMOCRATIE !

5.1 PROBLÈMES CONTEMPORAINS ET SOLUTIONS ANCIENNES

Dans les pays démocratiques, les citoyens ne sont pas satisfaits de leur système de gouvernance et ne sentent pas leurs intérêts représentés. Beaucoup défendent le statu quo sous prétexte que l'alternative serait encore pire.

Voici quelques-uns des principaux problèmes :

- L'influence de l'argent en politique
- Les intérêts spécifiques des lobbyistes dans le processus de prise de décision du système de gouvernance
- Des politiciens de carrière et non des représentants du peuple
- Une véritable paralysie entre les différentes branches du gouvernement
- Le vote individuel des candidats est basé sur un concours de personnalité et non sur leur vraie représentation politique. Par exemple, la question est plutôt de savoir "avec quel candidat les votants préféreraient-ils aller boire une bière ?!" ou "quel candidat a l'air plus guindé ?!"
- Les différences entre les partis politiques sont tellement tempérées que dans beaucoup de cas, il n'y a pas de vraie différence dans la pratique, et les résultats vont de toute

manière bénéficier ceux qui ont le plus d'argent et/ou "la personnalité la plus attrayante" !

Mais il existe d'autres façons de régler ces problèmes contemporains en recherchant l'origine pure d'un tel système. Il a été dit et répété que la Grèce est la source de la démocratie et du système de gouvernance démocratique. La pure répétition de faits contribue au fait que les gens y adhèrent mais ne les rendent pas plus *vrais* pour autant sans preuves !

Allons revisiter la source originale égyptienne que Platon a intégrée dans ses écritures sur la République, ses Lois et dans d'autres sujets de ses Œuvres Complètes.

5.2 COMMUNAUTÉ VS. GOUVERNEMENT CENTRALISÉ

Il est communément accepté par tous les politiciens à tous les niveaux de gouvernement que ***"Toutes les politiques sont locales"***. Le système des anciens Égyptiens comme un vrai système de base populaire commence au niveau local. Afin de protéger l'individualité de la politique et de sa cohérence sociopolitique, un système de coopérative entre divers politiques était nécessaire – ce qui est le type d'alliance de communauté, où les coalitions sont formées pour partager certains devoirs et responsabilités qui bénéficient à tous. Ceci était organisé – comme confirmé par Strabon – en trois niveaux : la communauté locale, le district de compétences (département) et la province (région). Ces formes d'organisations variaient d'une zone à une autre et d'une époque à une autre. Les Égyptiens anciens avaient des traditions d'organisations politiques non-coercitives.

Contrairement au type de gouvernement autocratique centralisé, la forme d'un gouvernement de type communautaire reconnait l'importance du populisme – *communautés locales*.

Des coalitions sont formées pour se partager certains devoirs et responsabilités qui peuvent bénéficier à tous, tels que des projets publics, le commerce, des traités de non-agression, des droits de passage, etc.

Contrairement aux pensées académiques autocratiques, la gouvernance organisationnelle des anciens Égyptiens n'était pas organisée du haut (pharaon) vers le bas (communautés locales). Elle était formée du bas vers le haut – des communautés locales vers les districts vers les régions vers le niveau "national" – chaque niveau sous une gouvernance choisie. Chaque niveau organisationnel avait la même forme, seulement reflétée à une échelle plus petite ou plus grande, avec un conseil représentatif et des inspecteurs administratifs.

Les Anciens, qui représentaient les lignées établies de la communauté, formaient un conseil (corps législatif) qui élisait un président. Ce conseil assistait le président dans la gouvernance de la communauté. Le conseil des Anciens servait aussi de cour qui aidait le président à allouer l'accès aux ressources (telles que l'accès à l'eau, la terre, etc.), à organiser des travaux publics, etc.

Le système politique de l'Égypte Ancienne est consistant avec nos slogans modernes de « *gouvernement limité* », « *gouvernement par nécessité* », « *le meilleur gouvernement est celui qui gouverne le moins* » et « *gouvernement du peuple, par le peuple et pour le peuple* ».

Des alliances entre les communautés/régions peuvent être conclues, changées et restructurées, on parle alors de *gouvernance par nécessité* – pour des buts et/ou des durées spécifiques, ce qui était commun tout au long de l'histoire de l'Égypte Ancienne. Nous ne devrions pas interpréter de tels changements comme du chaos/des bouleversements mais plutôt comme une vraie application de *vis et laisse vivre*. C'est une vraie démocratie populaire. Un exemple est l'état de l'Égypte durant sa XXIIe dynastie, qui peut être déduit par la longue inscription du roi Takélot II (860-835 avant notre ère) dans le temple de Karnak. D'après ce texte, il est clair qu'il y avait de nombreux gouvernements régionaux, chacun avec son propre roi/leader. Il n'y avait pas de signes de guerre ou de conflits, contrairement à la perception des académiciens occidentaux.

Les académiciens occidentaux sont obsédés par un gouvernement de type centralisé et pour eux, le manque d'une telle forme de gouvernance signifie le chaos, les conflits, la guerre civile, etc.

Le système égyptien est la vraie forme d'une démocratie populaire qui a été l'inspiration des Dialogues Complets de Platon sur les thématiques des Lois et de la République.

5.3 PARTICIPATION POPULAIRE – LES INDIVIDUS DANS UN FORUM/CAUCUS

Les individus ont le droit de choisir les représentants locaux qui représenteront les intérêts collectifs d'une communauté à tous les niveaux. Afin de choisir un représentant pour une mission/but spécifique, un caucus était organisé.

Pour les problèmes du quotidien, un individu pouvait participer au conseil local/aux assemblées publiques des Anciens. Si un individu adressait une pétition, quel qu'en soit le sujet, une réponse des autorités en charge était obligatoire, comme il en ressort des centaines de papyrus d'Égypte Ancienne retrouvés.

5.4 UNE TAXATION JUSTE AVEC JUSTIFICATION

Il n'y avait aucun impôt sur le revenu. Il existait des frais d'accès à un service/une ressource en particulier. C'était un véritable système de marché libre avec une ingérence très limitée de la part du gouvernement. Il s'agissait d'une économie de marché vibrante.

Un conseil de communauté pouvait imposer des frais justifiés pour une durée déterminée afin de récolter assez de fonds pour un projet en particulier. Seules les parties affectées/bénéficiaires étaient obligées de payer. Pour résumer, il existait des impôts avec un objectif spécifique mais pas de taxation *générale* dont les récoltes allaient à la trésorerie pour des dépenses "générales" !

5.5 RACINES ET REMÈDES DE CONFLITS INTERNES

Dans une société, la caractéristique la plus importante devrait être *"Un pour tous, tous pour un"*. Disposer d'une représentation démocratique populaire garantit la cohabitation pacifique entre tous. Les conflits, s'ils existaient, étaient résolus de différentes manières, en fonction de leur complexité. Pour plus d'informations, lire le livre *La culture de l'Égypte ancienne révélée* de Moustafa Gadalla.

5.6 CONFLITS EXTERNES – GUERRE ET PAIX

Comme sera expliqué dans un chapitre ultérieur, le concept de *possession* d'un terrain n'existait pas. Une personne avait le droit de louer un terrain pour une raison ou une autre et payait des frais de location. Le système socio-politique décrit ci-dessus de *"vivre et laisser vivre"* ne créait pas ce faux sens de *"nationalisme"* gouverné par des frontières artificielles. Une conséquence directe était le nombre minimal de conflits concernant les frontières.

Il est largement reconnu que les Égyptiens (anciens et présents) sont un peuple non guerrier. C'est pourquoi l'Égypte n'était pas intéressée par la construction d'un empire et encore moins par une occupation militaire. L'Égypte était simplement intéressée à neutraliser les éléments hostiles qui menaçaient sa propre sécurité. L'Égypte s'appuyait presque exclusivement sur des mercenaires étrangers pour mener à bien une telle tâche. Les pharaons du Nouveau Royaume utilisaient la diplomatie et le mariage à des princesses étrangères pour éviter tout conflit, la force étant seulement utilisée quand toutes les autres options étaient épuisées.

La guerre, telle que pratiquée par les anciens Égyptiens, suivait des règles aussi strictes qu'un jeu d'échecs et avait des rituels spécifiques. C'était un vrai peuple civilisé. Une guerre avait une signification religieuse profonde. Elle symbolisait les forces de l'ordre contrôlant le chaos et la lumière triomphant sur les ténèbres.

Dans les temples, tombes et textes de l'Égypte Ancienne, les vices humains étaient représentés comme des étrangers (le corps malade est malade car il est envahi par des germes étrangers). Les étrangers étaient représentés en situation de faiblesse – les bras attachés derrière le dos – pour illustrer le contrôle intérieur de soi. L'exemple le plus vivide de contrôle de soi est la représentation commune du Pharaon (L'Homme Parfait) sur les murs extérieurs des temples de l'Égypte Ancienne, contrôlant des *ennemis étrangers* – les *ennemis (impurs) de l'intérieur*.

La même scène de "guerre" était reprise dans différents temples dans tout le pays, ce qui dénote son symbolisme et non sa représentation d'événements historiques. Les scènes de "guerre" symbolisaient la lutte sans fin entre le Bien et le Mal.

Les académiciens occidentaux sont incapables de comprendre des réalités métaphysiques et c'est pourquoi ils "expliquent" des concepts métaphysiques par des événements historiques. La fameuse *"Bataille de Qadesh"* est en réalité le drame personnel d'un individu "homme divin" (le roi en chacun d'entre nous) domptant **ses forces internes** du chaos et des ténèbres. Qadesh signifie saint/sacré. C'est pourquoi la Bataille de Qadesh signifie le conflit interne – une guerre sacrée qui a lieu en chaque individu.

6

NOTRE RELATION AVEC LA TERRE MÈRE

6.1 LOCATAIRES ET NON PROPRIÉTAIRES

Pour les Égyptiens (anciens et Baladi), le concept de terre n'accepte pas la prémisse que la terre est une propriété qui puisse être possédée par quelqu'un. Pour eux, une personne a le droit d'occuper un terrain seulement si elle le travaille et a seulement le droit de posséder les fruits de son labeur. Les Égyptiens anciens n'ont pas de verbe qui signifie *"posséder"*, *"avoir"* ou encore *"appartenir à"*.

Les agriculteurs ont le droit d'accès à la terre seulement s'ils la travaillent. Ce concept de la terre se retrouve dans nombre de pays au monde – on l'appelle alors la terre commune (ou un autre terme similaire). L'idée est que la terre est "possédée" par le gouvernement (c'est-à-dire les personnes) et que l'accès est fourni aux personnes afin de l'utiliser d'une manière ou d'une autre (mines, pâturages, etc.).

Le travail des agriculteurs était et est étroitement lié aux commissaires administratifs dédiés aux ressources d'eau locales (et régionales).

6.2 MARCHER AVEC PRÉCAUTION

Les croyances des Égyptiens anciens et Baladi en l'Animisme étaient aussi reflétées dans leurs relations traditionnelles entre la terre et les hommes. Les Égyptiens croyaient/croient que la terre n'a pas de valeur sans les hommes et, réciproquement, que les personnes ne pourraient pas exister sans la terre. Ils reconnaissent et respectent les habitants surnaturels de la terre – de n'importe quelle terre. Les esprits d'un endroit (arbres, pierres, rivières, serpents et autres animaux ou objets) étaient identifiés et apaisés par les premiers arrivants à s'installer dans cet endroit. Les esprits de la terre pouvaient varier d'un endroit à un autre. Ils pouvaient également être tellement liés au bien-être d'un groupe qu'on les emmenait avec le groupe à un nouvel endroit en tant que preuve de continuité de ce groupe avec son ancien foyer.

Les droits d'un groupe, définis par une descendance généalogique commune, étaient liés à un endroit particulier et aux peuplements qui s'y trouvaient – non par "possession" mais parce qu'ils avaient un pacte initial avec les esprits de la terre/du site. Les esprits, de la famille et de l'endroit, demandaient loyauté à des vertus communes et à l'autorité des Anciens pour maintenir les croyances et les pratiques anciennes.

Les nouveaux arrivants (migrants spirituels) rejoignent la population d'esprits locaux dans un nouveau contrat entre eux-mêmes et les esprits locaux. Ce contrat légitime leur arrivée. En échange d'hommages réguliers à ces esprits, les premiers arrivants pouvaient réclamer l'accès perpétuel aux ressources locales. Ce faisant, ils devenaient la lignée en charge du sacerdoce héréditaire local et de la présidence du village et étaient et sont ainsi reconnus comme les "locataires de l'endroit" par des humains arrivant plus tard.

6.3 SOYONS PROPRES

L'esprit de l'Animisme rend les gens environnementalistes car ils traitent tout avec respect et soin. Une telle coexistence avec la nature – dans toutes ses formes – était une obligation pour chaque personne. Voici quelques-unes des 42 Confessions Négatives bien connues de tous en Égypte Ancienne. Elles soulignent que tout le monde se doit d'être un vrai environnementaliste afin de réussir à se réunifier avec la Source.

7- Je n'ai pas volé le neteru.

16- Je n'ai pas déposé de déchets sur la terre labourée.

22- Je ne me suis pas pollué.

34- Je n'ai pas pollué l'eau.

36- Je n'ai jamais maudit le neteru.

Le neteru signifie l'essence divine (esprits) qui vit en chaque chose – plantes, eau, air, minéraux, etc.

6.4 PAIX SUR TERRE

Un tel respect des esprits d'une terre est significatif de gens pacifiques (non envahissants) qui ne vont violenter ni personne ni aucun endroit. Les Égyptiens, en tant que tels, sont des personnes très pacifiques. Pour les Égyptiens anciens et Baladi, marcher sur une terre étrangère, en temps de guerre ou de paix, était une chose faite avec beaucoup de prudentes considérations pour la terre et ses habitants – humains ou autre.

DÉCOUVRIR LES POUVOIRS MAÇONNIQUES D'ÉGYPTE

7.1 LA SYMPHONIE MAÇONNIQUE ÉGYPTIENNE

Les francs-maçons revendiquent le fait que leurs rites, connaissances et traditions sont ancrés en Égypte. Les francs-maçons sont membres d'une vaste société secrète et fraternelle appelée *"Francs-maçons Reconnus"* (plus connu sous le nom de Franc-maçonnerie). Il y a une camaraderie et une sympathie instinctives et naturelles entre ses membres.

Les francs-maçons modernes revendiquent leurs racines ancrées dans l'Égypte Ancienne. Il est intéressant de noter que l'obélisque et la pyramide sont des formes symboliques importantes pour eux, bien avant que l'Égyptologie et les égyptologues n'existent. *Les Pères fondateurs* des États-Unis (dont beaucoup étaient francs-maçons), ont choisi de mettre une pyramide non-américaine sur les billets du dollar et ont choisi la forme d'un obélisque pour rendre hommage à George Washington, qui était également franc-maçon.

Hérodote, père de l'histoire et Grec, affirmait en 500 avant notre ère :

« Je m'étendrai davantage sur ce qui concerne l'Égypte, parce qu'elle renferme plus de merveilles que nul autre pays, et qu'il n'y a point de contrée où l'on voie tant d'ouvrages admirables et au-dessus de toute expression. »

Les monuments supérieurs d'Égypte Ancienne sont les manifestations physiques de leurs connaissances cosmiques supérieures car, comme affirmé dans Asclépios (III, 25) des Textes Hermétiques :

« ... en Égypte toutes les opérations des pouvoirs qui gouvernent et fonctionnent dans les Cieux ont été transférées à la terre du dessous... il doit être dit que tout le cosmos demeure [en Égypte] dans son sanctuaire... »

C'est pourquoi nous devons arrêter de considérer les monuments de l'Égypte Ancienne comme une interaction de vagues formes de présentations historiques et archéologiques. Au lieu de cela, nous devons essayer de les voir comme un lieu de demeure du cosmos, de la relation entre la forme et la fonction.

Johann Wolfgang von Goethe (1749-1832) décrit l'architecture comme étant de la "musique gelée". En Égypte Ancienne, l'architecture était de la musique visuelle animée – définitivement non gelée. L'architecture et l'art égyptiens suivaient les principes de la conception dynamique harmonieuse qui s'applique tant au son qu'à la forme.

Le son et la forme sont les deux facettes de la même monnaie et leur relation est égale aux aspects métaphysiques et physiques de l'univers.

La manifestation physique de l'univers est une œuvre d'art d'ordre, d'harmonie et de beauté. L'architecture de l'existence corporelle est déterminée par un monde invisible et immatériel de formes pures et de géométrie.

Les anciens Égyptiens qui étaient/sont connus comme des faiseurs (constructeurs), mettent leurs connaissances et leur sagesse dans des travaux animés, énergétiques et productifs.

La conception de l'architecture de l'Égypte Ancienne était basée sur des proportions harmoniques. Les harmonies musicales sont de la même manière basées sur des proportions harmoniques. Il a été dit qu'en réalité, la musique est de la géométrie traduite en sons, car les mêmes harmonies qui sous-tendent les proportions architecturales, peuvent aussi être entendues dans la musique.

Le célèbre Mozart était un franc-maçon, tout comme son père et beaucoup de notables de son époque. Sa musique était l'esprit du passé des traditions des Égyptiens anciens. Son accomplissement suprême a été l'Opéra Maçonnique, où le pouvoir de la maçonnerie devient le pouvoir de la musique utilisant des *symboles maçonniques*.

7.2 MONUMENTS PERSONNELS OU GÉNÉRATEURS D'ÉNERGIE

C'est une tendance commune d'ignorer les fonctions religieuses des temples d'Égypte Ancienne. Nous devons essayer de le voir comme la relation entre la forme et la fonction. Au lieu de cela, ils sont vus par beaucoup comme seulement une galerie d'art et/ou une interface de formes contre une vague représentation historique.

En réalité, les temples égyptiens sont le lien, le moyen proportionnel, entre le macrocosme (monde) et le microcosme (l'Homme). Ils étaient une scène sur laquelle les rencontres entre les neteru (dieux/déesses) et le roi, un représentant du peuple, avaient lieu.

Le temple égyptien était une machine pour générer et maintenir l'énergie divine pour le bénéfice du tout. C'était un endroit dans lequel l'énergie cosmique des neteru (dieux/déesses) demeurait et d'où ils irradiaient leurs énergies sur les terres et les gens.

Le pouvoir harmonieux des plans des temples, les images gravées sur les murs et les formes de culte – tout conduisait au même but ; un but spirituel car il impliquait de mettre en mouvement des forces surhumaines et pratiques, car le résultat final attendu est le maintien de la prospérité du pays.

Le choix de l'endroit et de la conception particulière d'un temple ne sont pas basés sur des considérations économiques mais plutôt sur une connaissance plus profonde du macrocosme.

Les temples égyptiens n'ont pas été construits rapidement ou par un seul roi. Ces temples ont été construits sur des siècles, par des rois successifs. Un bon exemple est le grand complexe des grands Temples de Karnak, qui ont été construits sur une période de plus de 1 500 ans. Les Temples de Karnak ont pour caractéristiques six pylônes et sont une réalisation imposante et harmonieuse qui produit un plan harmonieux de bâtiments couvrant un périmètre d'environ 2 300 m. Il est évident que le plan d'ensemble préexistait et qu'il était connu de ceux qui y ont fait des additions sur une période de plus de 1 500 ans.

7.3 ARCHITECTURE ET GÉOMÉTRIE SACRÉE

La conception harmonieuse de l'architecture de l'Égypte Ancienne était obtenue grâce à l'unification de deux systèmes :

1. L'un, arithmétique (nombres significatifs le long d'un axe central)

2. L'autre, graphique (rectangles, carrés et quelques triangles).

L'union de ces deux systèmes reflète la relation entre les différentes parties d'un tout, ce qui est l'essence même de la conception harmonieuse.

Les points significatifs étaient déterminés le long d'un axe de conception. Ces points marquaient les intersections d'axes transverses, l'alignement de la porte centrale, la position d'un autel, le centre d'un sanctuaire, etc. Ces points significatifs suivaient une progression arithmétique précise. Dans nombre des meilleurs plans, ces points significatifs sont à des distances harmonieuses les uns des autres, et les distances des uns par rapport aux autres expriment les figures de la Suite de Fibonacci : 2, 3, 5, 8, 13, 21, 34, 55, 89, 144, 233, 377, 610... L'analyse harmonieuse montre des séries de points significatifs lisibles des deux fins, c'est-à-dire si inversé, un système de points significatifs peut aussi correspondre à une Suite avec le point de référence commençant à l'autre fin du plan.

La Suite de Fibonacci était utilisée dans les monuments égyptiens depuis l'Ancien Royaume. La conception des temples pyramides de Khéphren (Chéphren) à Gizeh atteint les 233 coudées de longueur totale, mesurées depuis la pyramide, avec une série complète de DIX points significatifs. Le temple de Karnak suit les chiffres de la Suite de Fibonacci jusqu'à 610 coudées, c'est-à-dire DOUZE points significatifs. [Voir diagrammes de nombreux temples d'Égypte Ancienne dans le livre intitulé *L'architecture métaphysique des anciens Égyptiens* ou son édition plus ancienne *Egyptian Harmony: The Visual Music,* tous deux écrits par Moustafa Gadalla.]

7.4 LAISSEZ L'ÉNERGIE CIRCULER

Pour maintenir l'unité du temple, ses composants doivent être connectés pour que l'énergie cosmique puisse circuler librement au travers de toutes ses parties.

L'unité des composants du temple doivent être comme les composants du corps humain. Les murs d'un temple sont faits de blocs et d'angles, et ces composants (blocs) doivent être connectés ensemble d'une manière qui permette la circulation de l'énergie divine, tout comme les parties de l'être humain. Il est incorrect de penser qu'une connexion entre deux composants/parties a pour seul but d'assurer la stabilité structurelle des parties et du bâtiment complet.

Nous pouvons tirer des indices du corps humain (le foyer de l'âme) quand nous regardons de plus près le temple égyptien (le foyer cosmique de l'âme/l'énergie/neteru). Le corps humain est connecté par des muscles… etc. mais les veines et les nerfs ne sont pas interrompus aux articulations des os du squelette. Le temple vivant de l'Égypte Ancienne était conçu de manière similaire. Des bas-reliefs de différentes tailles, tout comme des symboles hiéroglyphiques, couvrent parfaitement deux blocs adjacents. L'intention est très claire : construire un pont entre deux blocs adjacents (l'un à côté de l'autre ou l'un sur l'autre).

Les blocs eux-mêmes sont attachés ensemble dans une sorte de système nerveux/d'énergie. Un prolongement de la circulation d'énergie nécessite des motifs d'accrochages spéciaux. La pratique d'unir deux blocs ensemble avait cours dans chaque temple égyptien tout au long de l'histoire connue de l'Égypte Ancienne. [Pour plus d'informations sur le sujet, veuillez vous référer au livre intitulé *L'architecture métaphysique des anciens Égyptiens* ou son édition plus ancienne *Egyptian Harmony: The Visual Music*, tous deux écrits par Moustafa Gadalla.]

7.5 LE POUVOIR DE LA PYRAMIDE

On nous a appris à l'école que les pyramides n'étaient rien d'autre que des tombes construites par des pharaons tyrans et que les esclaves étaient utilisés lors de la construction des pyramides pour traîner des grosses pierres le long de rampes temporaires. Cette théorie est présentée sans aucune preuve.

Quand on examine les faits, surtout quand on visite les pyramides, on trouve que ces croyances sur les pyramides sont tellement illogiques que l'on risque de douter de soi-même.

Nous vous fournissons ici quelques informations sur "le pouvoir de la Pyramide". De nombreux chercheurs ont découvert qu'une caractéristique quelconque de la forme pyramidale était responsable de pouvoirs extraordinaires. Ils ont expérimenté avec différents objets, en les plaçant dans une position équivalente à la "Chambre du Roi" au sein d'un modèle à taille réduite d'une pyramide correctement orientée. Ils ont trouvé que des matériaux hautement périssables y étaient préservés, que des lames de rasoir émoussées retrouvaient leurs bords tranchants après y avoir passé la nuit, et ainsi de suite. Beaucoup en ont conclu que la forme pyramidale même en était responsable : elle changeait d'une manière ou d'une autre les processus physiques, chimiques et biologiques qui avaient lieu à l'intérieur de cette forme. Ces expériences ont mené au phénomène connu sous le nom de "Pouvoir de la Pyramide".

Vous pouvez ressentir le pouvoir des pyramides égyptiennes que vous vous trouviez à l'intérieur ou à l'extérieur, car leurs configurations sont proportionnellement harmonieuses.

Les pyramides sont proportionnées harmonieusement afin d'agir/de fonctionner de la même manière qu'une *serre*, c'est-à-dire attirer et retenir certaines énergies. Dans le cas des pyramides égyptiennes, cela devrait être appelé *l'effet bleu*.

Dans le cas d'un effet de serre, c'est la rétention des rayons du soleil à la surface de la terre, causée par le dioxyde de carbone contenu dans l'atmosphère, qui laisse passer les radiations à ondes courtes mais absorbe les radiations à ondes longues émises par la terre.

Dans le cas de *l'effet bleu*, les bâtiments retiennent l'énergie orgone. L'orgone vient de l'espace. C'est ce qui fait briller les étoiles et rend le ciel bleu.

Le sujet des pyramides ne peut être couvert en quelques pages. Pour plus d'informations sur le sujet, veuillez vous référer au

livre intitulé *Les pyramides d'Égypte revisitées* ou son ancienne édition *Pyramid Handbook,* tous deux écrits par Moustafa Gadalla.

8

LIRE LES ÉCRITURES SUR LES MURS [ÉGYPTIENS]

8.1 LE CARACTÈRE DE L'ART ÉGYPTIEN

L'art, comme tout le reste dans la vie égyptienne, faisait partie du Plan Directeur de l'Homme et de l'univers. Les Égyptiens étaient capables de réduire leur environnement universel à un système rationnel et limité. Par conséquent, l'art avait un canon de proportions auquel il devait se conformer. Le plan du terrain et les élévations d'un bâtiment égyptien, comme les statues par exemple, reflétaient donc un ordre mathématique particulier et significatif.

La soigneuse définition des plans séparés de cet univers cubique est révélée, dans un art qui est essentiellement bidimensionnel. Afin de représenter des objets en trois dimensions sur une surface plane, les Égyptiens évitaient la solution de perspective du problème. Cela entraînait des profils bidimensionnels avec l'exception de quelques parties du corps, comme les yeux et parfois les cornes.

Les artistes égyptiens présentaient, dans leurs travaux, l'idée des objets plutôt que leur réalisation exacte dans un contexte spatial. Leur concept de créativité artistique est similaire aux actions créatrices de Dieu. Les Mots de Dieu (paroles) ont eu pour conséquence la création du monde.

De la même manière, chaque œuvre d'art créative, même une statue, a des inscriptions décrivant les actions ou définissant son usage en même temps que les noms d'autres acteurs.

De plus, chaque statue, peinture, relief ou bâtiment doit subir lors de son achèvement le rituel dit d'*Ouverture de la Bouche* afin de garantir sa transformation d'un produit inanimé de la main d'un homme vers une partie vibrante de l'ordre divin chargé d'un pouvoir prodigieux.

Le résultat final est un "art" vibrant, dynamique, expressif et actif.

8.2 LES MURS DYNAMIQUES (BAS-RELIEFS)

Les sculptures, frises et peintures égyptiennes étaient soigneusement planifiées selon l'harmonie, la géométrie et les lois proportionnelles.

Les murs des temples égyptiens étaient couverts d'images animées – notamment les hiéroglyphes – afin de faciliter la communication entre là-haut et ici-bas. Les structures de l'Égypte Ancienne étaient généralement un carré représentant le monde manifesté (quadrature du cercle).

De plus, la grille du carré en elle-même avait la signification symbolique du monde manifesté, ce qui rend simple de construire les rectangles racines de 2, 3 et 5 sur/par l'arrière-plan d'un carré. Les angles des carrés et des rectangles racines étaient définis par des encoches le long du périmètre ou soigneusement définis par des lignes incisées.

La conception s'appuyant sur les rectangles racines s'appelle *la conception dynamique génératrice*, et était pratiquée uniquement par les Égyptiens. Les monuments et objets sacrés égyptiens présentent une géométrie basée sur la division de l'espace réalisée par les rectangles racines et leurs dérivés, telle que la Proportion Neb (dorée).

Les compositions des bas-reliefs égyptiens montrent que leurs créateurs proportionnaient l'image, tout comme les groupes de hiéroglyphes, par l'application de rectangles carrés tournoyant à un carré. Les contours du carré principal étaient soigneusement incisés dans la pierre par de courtes barres.

Pratiquement tous les personnages sur les murs des bâtiments égyptiens sont de profil, indiquant des actions et des interactions entre les différents personnages symboliques. Une grande variété dans la forme des actions est évidente. Les représentations sur les murs montrent des actions très actives et interactives avec un symbolisme impressionnant.

Un exemple commun est que certains personnages sont montrés avec deux mains droites/gauches. Une main droite active symbolise l'action de donner. Une main gauche active signifie l'action de recevoir. Quand le rôle symbolique de la personne est pleinement actif, elle est montrée avec deux mains droites. Si son rôle est purement passif, elle est montrée avec deux mains gauches.

8.3 CONSCIENCE COSMIQUE OU ART BANAL

Les scènes des activités quotidiennes, trouvées à l'intérieur de tombes égyptiennes, montrent une forte corrélation perpétuelle entre la terre et les cieux. Les scènes fournissent des représentations graphiques de toutes sortes d'activités : chasse, pêche, agriculture, tribunaux et toutes sortes d'arts et de métiers. La représentation de ces activités quotidiennes, en présence du neteru (dieux/déesses) ou avec leur assistance, démontre leur lien cosmique – une forte corrélation perpétuelle entre la terre et les cieux.

Cette corrélation perpétuelle – conscience cosmique – a été mentionnée dans Asclépios (III, 25) des Textes Hermétiques :

> *« ...en Égypte, toutes les opérations de pouvoir qui gouvernent et fonctionnent dans les cieux ont été transférées à la terre du*

dessous... il doit être dit que tout le cosmos demeure [en Égypte]
dans son sanctuaire... »

Chaque action, quel que soit son degré d'intérêt, avait d'une certaine manière un acte de correspondance cosmique : semer, récolter, brasser, construire des bateaux, mener des guerres, jouer à des jeux – toutes ces actions étaient vues comme des symboles matériels d'activités divines. En d'autres termes, **pour les Égyptiens anciens (et Baladi), chaque aspect "physique" de la vie avait une signification symbolique (métaphysique). Mais de la même manière, chaque acte d'expression symbolique avait une raison "matérielle". Ce qui est en bas est comme ce qui est en haut, ce qui est en haut est comme ce qui est en bas.**

8.4 SYMBOLISME

Un symbole, par définition, n'est pas ce qu'il représente mais ce qu'il signifie, ce qu'il suggère. Un symbole révèle à l'esprit une réalité autre que lui-même. Les mots transmettent des informations ; les symboles évoquent une compréhension.

Dans les temples égyptiens, les Égyptiens anciens utilisaient des symboles imagés pour représenter des concepts métaphysiques. Comme le dit le proverbe : *"Une image vaut mille mots"*. Dans le symbolisme égyptien, le rôle précis des neteru (dieux/déesses) sont révélés de différentes manières : par leurs habits, leurs coiffures, leurs couronnes, des plumes, des animaux, des plantes, des couleurs, des positions, des tailles, des gestes, des objets sacrés (par exemple un sceptre, une houlette, un fléau), etc. Un symbole choisi représente une fonction ou un principe, sur plusieurs niveaux simultanés – de la plus simple, de la plus évidente manifestation physique de cette fonction à la plus abstraite et métaphysique. Ce langage symbolique représente une richesse de données physiques, physiologiques, psychologiques et spirituelles dans les symboles présentés.

8.5 SYMBOLISME ANIMAL

Pour les Égyptiens anciens, chaque animal/oiseau symbolise et incarne certaines fonctions et principes divins, d'une manière particulièrement pure et saisissante. Par conséquent, les animaux et les neteru (dieux/déesses) à têtes animales sont des expressions symboliques d'une profonde compréhension spirituelle.

Quand un animal entier est représenté en Égypte Ancienne, il représente une fonction/un attribut particulier dans sa forme la plus pure. Quand un personnage humain à tête d'animal est représenté, il communique une fonction/un attribut particulier chez un être humain.

Prenons l'exemple du chien qui représente l'essence de la guidance spirituelle. Le chien/chacal est connu pour avoir des instincts très développés de retour à la maison, de jour comme de nuit. Le chien est très utile dans des recherches et est l'animal de choix des personnes aveugles. Par conséquent, c'est un excellent choix pour guider l'âme des morts à travers les régions de la Douât.

Le rôle métaphysique d'Anubis, le chien, est reflété dans son régime alimentaire. Le chien/chacal mange de la charogne, la rendant ainsi nourrissante et bénéfique. En d'autres termes, Anubis représente la capacité de changer des déchets en de la nourriture utile pour le corps (et l'âme) – comme les alchimistes transformant du plomb en or.

Plusieurs exemples de symbolismes animaux peuvent être trouvés dans *Egyptian Divinities: The All Who Are THE ONE*, de Moustafa Gadalla.

8.6 LES TROIS RÔLES DE CHAQUE IMAGE HIÉROGLYPHIQUE

Le système imagé des Égyptiens anciens, communément appelé hiéroglyphes, comprend un grand nombre de symboles picturaux. Le mot, hiéroglyphe, signifie scripte sacré (hieros = sacré, glyphein = impression).

Le concept métaphorique et symbolique des hiéroglyphes est unanimement reconnu par TOUS les anciens auteurs sur le sujet tels que Plutarque, Diodore, Clément, etc.

Les « *Hieroglyphica*" d'Horapollon sont le seul vrai traité hiéroglyphique préservé de l'Antiquité Classique. Il est composé de deux livres, l'un contenant 70 chapitres, l'autre 119, chacun traitant d'un seul hiéroglyphe en particulier. Les relations entre le signe et la signification étaient, d'après Horapollon, toujours de nature allégorique et ont toujours été établies par des moyens de raisonnements "philosophiques". Par conséquent, chaque hiéroglyphe dispose d'un court titre décrivant soit le hiéroglyphe lui-même en de simple termes, par exemple "l'explication de cette image est un faucon", soit en indiquant la nature allégorique du sujet expliqué, tel que "comment signifier l'éternité" ou "comment signifier l'univers".

De la même manière, Clément d'Alexandrie dans *Stromates, Livre V*, chapitre IV, nous explique les deux rôles (littéral et symbolique) des hiéroglyphes égyptiens et comment le rôle symbolique renferme deux rôles : l'un, figuratif et l'autre, allégorique [mystique]:

> *« Les hiéroglyphes égyptiens, desquels un aspect est littéral de par ses premiers éléments, et l'autre est symbolique. Du symbolique, l'un parle littéralement par imitation et l'autre est écrit de manière figurative ; et l'autre est allégorique, utilisant certaines énigmes. »*

[I] Sur le premier rôle/sujet – *littéralement par imitation*, Clément, dans *Stromates, Livre V*, chapitre IV, continue :

> *« Ainsi, dans l'espèce kyriologique veulent-ils écrire le soleil, ils font un cercle ; la lune, ils tracent la figure d'un croissant. »*

[II] Sur le deuxième rôle/sujet – *la manière figurative*, Clément, dans *Stromates, Livre V*, chapitre IV, continue :

> **« Mais en utilisant le style figuratif, en transposant et en transférant, en changeant et en transformant de nombreuses manières, comme ils le désirent, ils dessinent des caractères. »**

[III] Sur le troisième rôle/sujet – *l'allégorie* Clément, dans *Stromates, Livre V*, chapitre IV, continue :

> **« Voici un exemple de la troisième espèce qui met en usage les allusions énigmatiques. Les Égyptiens figurent les autres astres par le corps d'un serpent à cause de l'obliquité de leur marche ; mais ils représentent le soleil sous la forme d'un scarabée, parce que cet insecte, après avoir pétri en masse circulaire la fiente du bœuf, la roule sur lui-même par un mouvement rétrograde. Ils croient que cette créature passe six mois sous la terre et qu'il vit sur la surface du sol le reste de l'année. Ils ajoutent qu'il injecte dans le sphéroïde formé par lui un germe spermatique, qu'il se reproduit par cette voie, et qu'il ne naît aucun scarabée femelle. »**

Clément, comme TOUS les écrivains classiques de l'Antiquité affirment que les hiéroglyphes égyptiens représentent les vraies images de la loi divine. Les relations entre le signe et la signification étaient toujours de nature allégorique, et étaient toujours établies au travers d'un raisonnement "philosophique".

Pour résumer, l'écriture symbolique des hiéroglyphes égyptiens est globalement divisée en trois rôles :

1) L'imitation (un objet se représente lui-même)

2) Le figuratif (un objet représente une de ses qualités) et

3) L'allégorie (un objet est lié à des processus conceptuels énigmatiques).

En fait, ces catégories décrivent les relations entre les formes visuelles et leurs significations. Une forme visuelle peut être mimétique ou imitative, copiant directement des caractéristiques de l'objet qu'elle représente ; elle peut être associative, suggérant des attributs qui ne sont pas visuellement présents tels que des propriétés abstraites incapables de représentation littérale ; et finalement, il se peut que ce soit symbolique, ne trouvant son sens qu'une fois décodée suivant les conventions ou systèmes de connaissance qui, même si non intrinsèquement visuels, sont communiqués au travers de moyens visuels.

Pour plus d'informations sur le sujet, veuillez consulter le livre *Le langage métaphysique des hiéroglyphes égyptiens* de Moustafa Gadalla.

9

ÉTENDUE DE LA CIVILISATION DE L'ÉGYPTE ANCIENNE

9.1 L'ÂGE DE LA CIVILISATION DE L'ÉGYPTE ANCIENNE

Hérodote rapporta qu'il fut informé par les prêtres égyptiens que le soleil « *s'était levé deux fois à l'endroit où il se couche mainte-nant et couché deux fois à l'endroit où maintenant il se lève* ». Cette affirmation indique que les Égyptiens anciens contaient leur histoire depuis plus d'un cycle du zodiac de 25 920 ans.

L'histoire des Égyptiens anciens s'étend d'un cycle du zodiac complet de 25 920 ans, plus un cycle de zodiac partiel, entre 10948 avant notre ère [le début de notre cycle du zodiac présent] et la fin de l'Âge du Bélier quand l'Égypte Ancienne a perdu son indépendance. C'est pour ça que l'Antiquité de l'Égypte Ancienne est âgée de [25 920 + (10 948 − 148)] = 36 720 ans.

Que la civilisation de l'Égypte Ancienne soit vieille de plus de 36 000 ans – et que donc par extension, la vie sur Terre remonte aussi loin – va à l'encontre de toutes les conceptions chrétiennes/ occidentales. C'est pour ça qu'il est répété de manière continuelle que le Pharaon Ménès (31ème siècle avant notre ère) est réputé pour avoir "unifié l'Égypte" et commencé la civilisation de l'Égypte Ancienne.

La chronologie des Pharaons de l'Égypte Ancienne, depuis les temps de Ménès, vient essentiellement de Manéthon depuis le 3ème siècle avant notre ère. Les travaux de Manéthon n'ont pas survécu – nous disposons seulement des commentaires de Sextus Africanus [221 de notre ère] et d'Eusèbe de Césarée [vers 264 – 340 de notre ère].

D'après Eusèbe, Manéthon attribuait une grande antiquité à l'Égypte pharaonique, avec l'âge de cette antiquité de l'Égypte Ancienne remontant à 36 000 ans, ce qui est consistant avec les représentations d'Hérodote. C'est en concordance générale avec d'autres représentations et découvertes de preuves, telles que Diodore de Sicile [Diodore I, 24] et des documents d'Égypte Ancienne connus comme les Papyrus de Turin – un document égyptien original daté de la XVIIe Dynastie [vers 1400 avant notre ère].

Les preuves physiques soutiennent également cette antiquité lointaine de l'Égypte Ancienne – en dépit du fait que beaucoup de preuves archéologiques de temps aussi anciens soient enseve- lis bien en dessous des niveaux actuels des nappes phréatiques, à cause du phénomène de la Vallée du Nil montante où l'envase- ment des inondations annuelles du Nil fait monter l'élévation du terrain des terres et donc des niveaux d'eaux souterraines.

Les preuves restent dans de nombreux textes, temples et tombes d'Égypte Ancienne qui corroborent les affirmations d'écrivains grecs et romains. Par exemple, les temples de toute l'Égypte font référence à une construction originale bien antérieure à "l'his- toire dynastique". Les textes inscrits sur les cryptes des temples d'Hathor à Dendérah montrent clairement que le temple a été restauré durant l'Ère Ptolémaïque, à partir de dessins qui remontent au roi Pépi de la VIe Dynastie (2400 avant notre ère). Les dessins eux-mêmes sont des copies de documents vieux de plusieurs milliers d'années, du temps des *Suiveurs d'Horus* . [Des informations élaborées et détaillées sur le sujet peuvent être trouvées dans le livre *La culture de l'Égypte ancienne révélée* de Moustafa Gadalla.]

9.2 LES PLUS PEUPLÉS, LES PLUS RICHES ET LES PLUS INFLUENTS

L'Égypte était le pays le plus dominant, le plus peuplé et le plus connu dans l'ancien monde, comme affirmé par Diodore, *Livre 1* [31, 6-9] :

> *« En densité de population, l'Égypte surpassait de loin toutes les régions connues du monde habité, et même de nos temps passe pour n'être second à aucun autre... »*

En apparence, l'Égypte Ancienne semble isolée et distincte du reste du monde, isolée par les déserts qui bordent l'étroite Vallée du Nil. Cependant, les Égyptiens étaient en contact constant avec d'autres pays. Les auteurs classiques tels que Plutarque, Hérodote et Diodore racontent comment l'Égypte Ancienne disposait de colonies pacifiques dans le monde entier. Diodore, *Livre 1* [29, 5] affirme que :

> *« En général, les Égyptiens disaient que leurs ancêtres envoyaient de nombreuses colonies à beaucoup d'endroits du monde inhabité, en raison de la prééminence de leurs anciens rois et de leur population excessive. »*

Diodore, *Livre 1* [28, 1-4], raconte que certaines colonies pacifiques égyptiennes lui ont été signalées en Asie ou en Europe :

> *« ...se vantent aussi d'avoir envoyé des colonies par toute la terre. Belus qu'on croit fils de Neptune et de Libye en mena une à Babylone...*
>
> *...On ajoute que Danaüs originaire aussi de l'Égypte alla bâtir Argos une des plus anciennes villes de la Grèce et que d'autres chefs tous sortis du même lieu, conduisirent les uns les peuples qui habitent maintenant la Colchide et le royaume de Pont, les*

autres le peuple juif qui occupe le pays situé entre l'Arabie et la Syrie : de là vient que toutes ces nations...»

Grâce à la renommée des colonies égyptiennes en Asie et en Europe, elles ont joué un rôle majeur dans le pays de leurs nouvelles implantations. Diodore, *Livre I* [28, 6-7] discute le rôle significatif des colons égyptiens en tant que souverains de leurs nouvelles colonies.

En dernier lieu, il est à noter que les archives des anciens Égyptiens (tout comme les archives d'autres endroits) possèdent une multitude de noms d'endroits qui sont méconnaissables aujourd'hui. Les noms des endroits, des groupes ethniques et des pays ne cessent de changer. Les noms des pays européens d'il y a 100 ans, par exemple, ne sont pas reconnaissables pour la plupart des Européens d'aujourd'hui. Au final, quand ces archives disparaîtront, dans quelques centaines d'années, les noms de ces pays seront totalement méconnaissables.

Dans de nombreux endroits au monde, il est fait référence à des personnes bronzées/de peau brune qui ont apporté des connaissances dans des régions du monde entier. Elles sont décrites comme étant :

1. d'origines ou de caractéristiques "orientales".

2. un peuple non-guerrier qui s'est établi pacifiquement au milieu de la population locale.

3. très avancés en matière de métallurgie et ayant produits de larges quantités d'objets métalliques.

4. très organisés et très doués en gestion.

5. très avancés en agriculture en climat sec, irrigation, etc.

6. des constructeurs et des artisans très expérimentés et ayant construits des tombes mégalithiques, etc.

7. des personnes très religieuses avec des croyances animistes.

Les descriptions ci-dessus ne peuvent s'appliquer qu'à un seul pays : l'Égypte.

L'émigration depuis l'Égypte s'est faite en plusieurs vagues. Elle était étroitement liée aux événements qui se produisaient en Égypte Ancienne. Certains sont partis en des temps prospères afin d'étendre leurs contacts commerciaux. La majorité est partie en des temps problématiques.

Pour plus d'informations sur les vagues de l'immigration égyptienne vers le Sub-Sahara et l'intérieur de l'Afrique, lire *Exiled Egyptians: The Heart of Africa*, de Moustafa Gadalla.

Pour plus d'informations sur les vagues de l'immigration égyptienne vers la Péninsule Ibérique, lire *Egyptian Romany: The Essence of Hispania* de Moustafa Gadalla.

1

BIBLIOGRAPHIE SÉLECTIVE

Badawy, Alexander, *Ancient Egyptian Architectural Design*, Los Angeles, CA, USA, 1965

Baines, John and Jaromir Málek, *Atlas of Ancient Egypt*, New York, 1994

Budge, Sir E. A. Wallis, *Egyptian Language, Easy Lessons in Egyptian Hieroglyphics*, New York, 1983

– *The Gods of the Egyptians*, 2 volumes, New York, Dover, 1969

– *Osiris & The Egyptian Resurrection*, 2 volumes, New York, 1973

De Cenival, Jean-Louis, *Living Architecture*, traduit par K. M. Leake, New York, 1964

Diodore de Sicile, Livre I, II & IV, traduit par C. H. Oldfather

Egyptian Book of the Dead (*The Book of Going Forth by Day*), The Papyrus of Ani, USA, 1991

Erman, Adolf, *Life in Ancient Egypt*, New York, 1971

– *The Literature of the Ancient Egyptians*, traduit par A. M. Blackman, London, 1927

Gadalla, Moustafa,

– Consultez la list de ses publications

Hérodote, *Les Histories*, traduit par A. de Selincourt, New York and Harmondsworth, 1954

Iversen, Erik, *The Myth of Egypt & Its Hieroglyphs*, Copenhagen, 1961

James, T. G. H., *An Introduction to Ancient Egypt*, London, 1979

Kastor, Joseph, *Wings of the Falcon, Life and Thought of Ancient Egypt*, USA, 1968

Piankoff, Alexandre, *Mythological Papyri*, New York, 1957

– *The Litany of Re*, New York, 1964

– *The Pyramid of Unas Texts*, Princeton, NJ, USA, 1968

– *The Shrines of Tut-Ankh-Amon Texts*, New York, 1955

Platon, T*he Collected Dialogues of Plato including the Letters*, edite par E. Hamilton & H. Cairns, New York, USA, 1961

Plotin, *The Enneads*, 6 volumes, traduit par A. H. Armstrong, London, 1978

Plutarque, *Plutarch's Moralia, Volume V*, traduit par Frank Cole Babbitt, London, 1927

Strabon, *The Geography of Strabo*, traduit par Jones, Horace Leonard, London, 1917

Wilkinson, J. Gardner, *The Ancient Egyptians: Their Life and Customs*, London, 1988

www.ingramcontent.com/pod-product-compliance
Lightning Source LLC
Chambersburg PA
CBHW050807160726

48004CB00002B/732